AF357121

LETTRE

SUR

LA FOLLE JOURNÉE,

OU

LE MARIAGE

DE FIGARO,

COMÉDIE EN CINQ ACTES,

DE M. DE *BEAUMARCHAIS*.

Il faut siffler toute Pièce qui réussit.
VOLTAIRE, Ecossaise, A. I. Sc. 3.

SEVILLE,

ET PAR-TOUT.

M. DCC. LXXXIV.

LETTRE

SUR LE MARIAGE

DE FIGARO.

Je croyois, Monsieur, lors de notre dernière conversation sur la Comédie de la *Folle Journée*, vous en envoyer un exemplaire, avec les remarques qu'il m'avoit paru que vous defiriez de moi, pour votre inftruction : mais l'affluence innombrable qui fe renouvelle à chaque repréfentation de ce fameux Ouvrage, fera probablement caufe que fon Auteur ne le mettra pas encore fitôt fous la preffe. Vous craigniez, m'avez-vous dit, que les jeunes gens, éblouis d'un concours auffi prodigieux, n'allaffent calquer à la hâte quelques plans où ils entafferoient les incidens & les tableaux, le tout dans le ftyle le plus inégal, & fouvent même le moins correct. Raffurez-vous, Monfieur, fi dans l'immenfe quantité de Drames que j'ai vû fuccéder au Père de Famille, aucun

A ij

juqu'à ce jour n'a pu le faire oublier; fi les **Brames**
& Coriolan ne peuvent encore l'emporter fur
Zaïre, comment un Recueil d'Epigrammes en
profe, affez adroitement adapté à un Roman moitié moral & moitié lefte, mis en action, pourroit-
il faire la fortune des imitateurs de fa fingularité?
Cet Ouvrage, vraiment extraordinaire par fa conduite, fon intrigue & fon dénouement, doit être
regardé comme le feul qu'il foit poffible d'inventer
en ce genre, & de telle manière qu'on effayât de
le parodier, ou de s'y modeler, on n'y reffemble-
roit jamais que par les défectuofités : d'ailleurs,
on affure qu'en y travaillant, fon Auteur répétoit
à fes Amis ce vers du fameux Satyrique :

La colère fuffit, & vaut un Apollon.

Auffi n'a-t-il pas manqué d'y prodiguer les farcafmes aux gens de Pratique, dont il prétend, dit-
on, avoir payé les fuffrages un peu cher, lors
de fes conteftations fur lefquelles il a dreffé des
Mémoires au moins auffi plaifans que fes Œuvres
Dramatiques. Comme vous ne connoiffez encore
la *Journée folle*, & vraiment bien nommée,
Pièce connue & reçue au Théâtre depuis plufieurs
années, fous le nom de *Mariage de Figaro*,
que par ce qu'en ont dit les Ecrits périodiques, je
vais vous en tracer l'efquiffe, autant que ma mé-

moire peut me la rappeller, après l'avoir étudié pendant cinq repréfentations affez tumultueufes ; mais où cependant les murmures de la cabale ont prefque toujours été anéantis & étouffés par les battemens de mains & les bravo.

La Scène fe paffe au Château d'Aguas Frefcas ; c'eft comme qui diroit en François, de l'eau froide ; à trois lieues de Séville, où le Comte Almaviva, que vous connoiffez par le Barbier de ce nom, poffède un hôtel. Au lever de la toile, on voit ce Figaro, plus âgé de trois ans, & devenu le Majordome de fon Excellence, converfant familièrement avec Sufanne, qu'il doit époufer le même jour. Cette Sufanne eft la nièce du Jardinier qu'on appelle Antonio, & la première Camerifte ou Femme-de-Chambre de la Comteffe, ci-devant nommée Rofine, mais femme depuis trois ans de fon cher Almaviva, qui ne conferve pour elle qu'une jaloufe inquiétude, & promène fon inconftante ardeur du Village au Château : épris ardemment de Sufanne, de laquelle il voudroit racheter en fecret le droit du Seigneur, qu'il a authentiquement abjuré lors de fon mariage. On ne fait trop fi l'on doit regarder comme le héros de la pièce ce Seigneur violent & impérieux, ou le Valet fubtil & rufé dont il eft perpétuellement la dupe ; l'un & l'autre exiftent fans doute dans plus d'une fociété, car une des moindres inconféquences de notre fiècle, prétendu philofophique, eft de favorifer les hommes les moins dignes de confidération, tout en faifant l'éloge des vertus de leurs concurrens : cependant il eft fingulier que le Roi d'Efpagne ait choifi pour fon Ambaffadeur en Angleterre, un homme qui préfère à la Cour, le lieu de fa réfidence, où prêt à jetter chaque jour un nouveau mouchoir, il s'amufe en Monarque Oriental & qui, fous ombre de juftice, ne cherche qu'à tourmenter quiconque lui paroît déranger en quoique ce foit fes intrigues licentieufes. Un femblable caractère, dont les défauts aviliffans ne font compenfés en aucune manière, & dans lequel on ne trouve nulle bonne qualité, peut-il jamais fervir de modèle à quelque perfonne que ce foit, qui voudroit à la fois intéreffer & inftruire ?

Revenons au plan de cette Pièce, où Sufanne, par fes plaifanteries, apprend à Figaro que tout fin qu'il eft, on peut le furpaffer en adreffe, & qu'elle met au fait d'une partie des projets du Comte, dont il l'affure qu'elle n'a rien à redouter ; il fort, en lui promettant de préparer fes contre-batteries à cet effet : auffi-tôt on voit entrer Marcelline, la vieille Gouvernante que Figaro avoit autrefois faigné du pied, avec le Docteur Bartholo fon ancien Maître, à qui le Barbier doit toujours les cent écus qu'il a, dit-il, fur le cœur, autant que le tour qu'il lui joua en lui enlevant Rofine, pour laquelle on a été le chercher à Séville, parce qu'elle eft incommodée, Dieu merci. Marcelline n'accompagne le Médecin, que parce qu'il lui a promis de plaider pour elle contre Figaro, dont elle eft créancière, & qu'en vertu d'une promeffe qu'il lui a faite, elle veut époufer : inftruite que Sufanne eft fa future, elle lui décoche des farcafmes, qu'on pourroit regarder comme des injures, fi ce n'étoit que les deux rivales fe bornent à cela ; féparées plutôt qu'appaifées par le Docteur qui emmène la duègne, Sufanne veut réfléchir un inftant fur fa pofition, entre un amant qu'elle chérit & une envieufe qui prétend le lui enlever : tout-à-coup, un petit mauvais fujet, parlant d'amour à toute la nature, aux vents, aux arbres, &c. le fémillant Chérubin, effronté comme un Page, & dont le rôle l'eft dans la plus grande énergie du mot, quoique joué avec une décence fingulière ; cet enfant, de quinze à feize ans, vient lutiner Sufanne, lui arrache des mains un ferre-tête de la Comteffe fa marraine, & veut faire d'autres efpiégleries ; mais au bruit que fait en entrant le Comte, le Page fe cache derrière un grand fauteuil, fur lequel Sufanne a jetté quelques hardes ; alors le Seigneur fe croyant feul avec la Soubrette, lui tient des difcours qui l'embarraffent fort, & qu'interrompent des voix qu'on entend au loin demander Monfeigneur : pour échapper aux importuns, il dit à Sufanne de le cacher, &, faute de mieux, fe place derrière le fauteuil, pendant que le Page faute dedans, en fe couvrant des hardes qui font deffus : cependant arrive Bafile, qui trouvant Sufanne émue, la plaifante fur fon union avec Figaro & fur les affiduités de Chérubin; elle fe fâche, le Comte en fe montrant impofe filence à Bafile au fujet de Sufanne; à l'égard du Page, il raconte l'avoir trouvé la veille, caché par un rideau, à-peu-près, dit-il, en finiffant fon récit, comme fous..... Il lève alors les hardes, voit le Page, l'arrache du fauteuil & l'apoftrophe en ces termes : *c'eft donc une couleuvre que ce petit ferpent là?* Cette expreffion, à laquelle je m'arrête, parce que je n'y vois qu'une redondance, me paroît d'ailleurs auffi peu noble que le procédé du Comte, en fe cachant derrière un fauteuil, dans un appartement du Château dont il eft Seigneur; ce que les Critiques ont eftimé plus répréhenfible & moins vraifemblable, que d'avoir contrefait le cavalier yvre : à la fin de la fcène, furviennent la Comteffe & les Filles du Village, conduites par Figaro; elles entrent au moment où le Comte menace fon Page; Fanchette, l'une des plus jeunes, demande fa grace à fon Excellence, pour le prix du baifer qu'il lui a ravi dans un bofquet la veille; la Comteffe témoigne s'y intéreffer auffi : le Comte lui pardonne, & le nomme Capitaine dans fon Régiment, dont on ignore le nom & la création, en lui ordonnant expreffément de partir fur le champ pour Séville; il emmène enfuite la Comteffe. Bafile, le Page & Figaro, reftent à concerter l'exécution d'une fête qu'on doit donner le foir au Château. Chérubin eft défefpéré de ne pouvoir s'y trouver; mais Figaro le raffure & lui promet de lui fournir les moyens de fe cacher à tous les yeux ; fur cette affurance, il fort plein d'allégreffe; cependant Figaro dit à Bafile, en parlant de Fanchette & du jeune homme : *tant va la cruche à l'eau, qu'à la fin...... elle s'emplit*, interrompt Bafile. *S'emplit*, reprend Figaro? *Oui, s'emplit*, répète Bafile. *Pas fi bête, parbleu, pas fi bête*, lui dit Figaro. Ces proverbes ainfi variés, terminent le premier Acte de cette Pièce, en rappellant le genre de celle qui l'a précédée. Je ne vous parlerai ni de leur trivialité, ni de ce que leur fens fous-entendu préfente à l'imagination ; je vous marquerai feulement ma furprife, qu'un homme à talent ait crû n'être pas inepte après les avoir imaginé. Etoit-ce donc là le cas de dire avec Sofie:

Mais où prend mon efprit toutes ces gentilleſſes ?

Au fecond Acte, le Théâtre change & repré-
fente la chambre à coucher du Comte & de la
Comteſſe, dont le lit eſt au fond entouré d'une
baluſtrade, à côté de laquelle eſt une fenêtre fer-
mée qui donne ſur le jardin & dont la vue eſt
cenſée s'étendre au loin dans la campagne ; auprès
de l'eſtrade eſt la porte de la chambre des femmes
de la Comteſſe, à droite en avant celle de ſon
cabinet de toilette & à gauche celle de l'antichambre. La Comteſſe entre avec Suſanne & ſe
plaint à elle de l'indifférence du Comte depuis
qu'ils ſont époux ; Suſanne, comme de raiſon,
cherche à la conſoler ; cependant on entend quelqu'un à la porte de l'antichambre & la jeune
Camériſte s'empreſſe d'ouvrir en s'écriant de joie :
ah, c'eſt mon Figaro ; il entre, ſalue la Comteſſe, lui
parle de la chaſſe pour laquelle le Comte va partir ; Suſanne court ouvrir la fenêtre & dit le voir
paſſer avec tout ſon équipage ; la Comteſſe fait
part au Barbier des mécontentemens que lui donne
ſon époux, il lui conſeille de réveiller ſa ten-
dreſſe par un peu de jalouſie, lui avoue qu'il ſe
flatte même que dès ce jour les empreſſemens du
Comte pour elle recommenceront & qu'il a fait
remettre à Baſile, par un Payſan, un billet imaginé

tout exprès pour inquiéter Monseigneur, auquel
on n'a pas dû manquer de le rendre : la Comtesse
craint qu'un semblable badinage ne soit dans le
cas de la compromettre & d'avoir des suites fâ-
cheuses ; mais Figaro lui réponddes évènemens &
sort. Restée seule avec Susanne, cette dernière lui
apprend, qu'au lieu d'obéir au Comte en partant,
le petit Page s'est caché & qu'il a composé une
Romance pour sa chère Marraine, elle l'introduit
ensuite, il chante en s'accompagnant de la guittarre les couplets si connus sur l'air de Marl-
brough, qu'ils ont achevé de mettre à la mode ;
cette Scène semble aux Critiques, présenter une
situation d'autant moins conforme aux bonnes
mœurs, que ce jeune homme, naturellement im-
pétueux, doit se sentir encore excessivement exalté
par les éloges que sa Dame & Marraine donne à
sa voix & à ses talens, (car l'Auteur de cette
Pièce ne manque jamais la plus petite occasion
d'y faire son Panégyrique) & par les louanges que
Susanne lui prodigue, jusqu'à envier la blancheur
de ses bras : heureusement on sait que c'est une
femme qui représente ce rôle inconséquent ; mais
en revanche on en trouve moins piquante l'idée
qui vient à la Comtesse & à sa Camériste de l'af-
fubler d'une partie de leurs vêtemens ; Susanne va
même en chercher dans sa chambre ; la Comtesse

feule avec Chérubin qu'elle continue d'arranger à
fa fantaifie, trouve à fon bras le ruban qu'il a
pris à Sufanne, & qui vient d'elle; tandis qu'ils
ont une difpute enfantine, lui pour le garder,
elle pour le ravoir, le Comte frappe à la porte
de l'antichambre; il eft furpris avec raifon de ne
la pas trouver ouverte; la Comteffe cache le
malin Page dans fon cabinet de toilette, dont
elle ferme la porte; elle ouvre enfuite au Comte
qui n'a quitté la chaffe que fur les foupçons que lui
ont fait naître les chofes que contenoit le billet
que lui a remis Bafile; il interroge impérieufement
fa femme & veut abfolument apprendre d'elle
avec qui elle étoit; elle tergiverfe en difant d'a-
bord qu'elle étoit feule & convenant après qu'elle
caufoit avec Sufanne : pendant cette altercation
l'adroite Camérifte rentre par le fond & va fe
cacher derrière le lit; cependant l'étourdi de Page
fait tomber un meuble dans le cabinet; le Comte
veut voir qui peut y être & ordonne à Sufanne, fi
c'eft elle, d'en fortir fur le champ, ce que la
Comteffe lui défend au contraire : le Comte
furieux va fermer la porte de l'appartement des
femmes, pour qu'on ne puiffe échapper de ce
côté; par bonheur il oublie de regarder dans la
ruelle où eft Sufanne, & moins fort ou moins
adroit aparemment que le Marquis de Clainville

de la Gageûre, il lui faut une pince pour enfoncer la porte d'un cabinet de toilette, & afin qu'il ne manque rien à fa maladreffe, il avertit le galant de fauter par la fenêtre, ce qui prépare un peu trop l'évènement qui va fe paffer ; car de même qu'on ne doit pas mettre en récit une action qu'a vu le Spectateur, il femble puérile & fuperflu de lui annoncer celle qu'il va voir : dès que le Comte a emmené la Comteffe avec lui pour aller cher- cher la pince, Sufanne court à la porte du cabi- net, en fait fortir le Page qui l'embraffe, vole à la fenêtre & s'élance dans le jardin, tandis qu'elle prend fa place dans le cabinet dont elle ferme la porte : le prétendu faut périlleux de ce jeune téméraire, auroit, je crois, fait une très- vive fenfation fi l'on en eût été moins prévenu : d'ailleurs cet Incident a paru fingulièrement hazar- dé, pour ne rien dire de plus. De retour avec le Comte, armé de fa terrible pince, la Comteffe, après avoir effayé, fuivant l'ufage, de le calmer fans être parvenue à déguifer entièrement fon trouble, finit par tout avouer à fon mari, fe met à fes genoux & lui demande en pleurant la grâce de l'imprudent que fon âge rend fi excu- fable : non, répond-t-il, je le tuerai : tuez-le donc, lui dit Sufanne, en fortant du cabinet, qu'il vifite auffi-tôt, mieux qu'il n'a fait l'alcove ; un

gefte fuffit aux deux femmes pour s'entendre;
convaincu de fon tort & de la fauffeté de fes foupçons, il en demande pardon à la Comteffe &
tombe à fes genoux à fon tour. Alors Antonio
entre par la porte de l'antichambre, qui probablement eft reftée ouverte & vient fe plaindre
que tous les jours on jette par cette fenêtre,
qu'il montre, différentes chofes, comme des
ordures; que tout-à-l'heure encore on vient d'y
jetter un homme qui lui a gâté plufieurs pôts de
giroflées & s'eft relevé en courant; on a trouvé le
mot ordures ignobles. Figaro qu'avertit Sufanne,
dit au Comte que c'eft lui qui vient de fauter;
Antonio lui objecte qu'il lui a paru plus petit &
moins gros, en un mot, tout femblable au Grin-
galet de Page. Comme c'eft un Payfan qui fe fert
de cette expreffion, je n'en releverai point la
trivialité; mais je ne puis paffer à Figaro de dire
qu'en fautant on fe pelotonne: celle-là me paroît
déplacée pour un homme qui a fait des Pièces à
Madrid, & qui pis eft, écrit des Journaux. Les
Gens du Village, qui font dans cette Pièce la
même chofe que les chœurs dans celles des
Grecs, viennent en foule prier le Comte de
permettre qu'on chante à la Fête qui fe prépare,
des Vers fur la grandeur d'âme avec laquelle il a
renoncé au droit du Seigneur; la Comteffe joint

ſes prières aux leurs & l'y fait enfin conſentir, quoiqu'il eût peut-être été plus convenable qu'il n'en eût rien ſçû qu'à l'inſtant de la Fête. Comme Marcelline a parlé à ſon Excellence de ſes préten-tions ſur Figaro, il deſire faire aſſembler les Mem-bres de ſon Tribunal pour juger cette Cauſe : un jeune Paſtoureau, nommé Grippe-Soleil, s'offre d'aller chercher toute l'enragée Boutique à Pro-cès du Pays, ce ſont les termes dont il ſe ſert : le Comte ordonne à Baſile de l'y accompagner en jouant de la guittarre, & ſur ce que l'Organiſte y montre de la répugnance, le Comte le menace de le chaſſer, ce qui l'oblige à dire : *je n'irai pas me heurter contre un pôt de fer, moi qui ne ſuis..... Qu'une cruche,* interrompt Figaro. Cette cruche ne me paroît pas d'un meilleur genre que celle qui finit le premier Acte, & je ne vois pas à quel propos l'Auteur a ſemblé ſe plaire à repéter cette expreſſion, à moins qu'il n'ait pré-tendu s'aſſimiler à Piron, dont on connoît le bon mot : *j'aiguiſe mon eſprit ſur une cruche.*

Un de nos Journaliſtes, non moins avantageu-ſement connu par ſes Fables ingénieuſes que par ſes Feuilles, qui ſont fort recherchées, a répété à l'occaſion de cette Pièce, ce que Boileau diſoit de l'Aſtrate de Quinault.

Et chaque Acte, en ſa Pièce, eſt une Pièce entière.

Cela paroiſſoit vrai, ſur-tout aux premières Repréſentations, d'après l'exceſſive durée de chacun des Actes ; mais réduits à une longueur beaucoup moindre par les coupures qu'on y a fait, à diverſes repriſes, elle n'excède plus actuellement le tems que doit remplir tout le Spectacle. Quoiqu'il en ſoit, on l'applaudit, on s'y porte, & c'eſt là le point capital pour l'Auteur, ainſi que pour les Comédiens. J'ai obmis de l'extrait des deux premiers Actes, les Scènes minutieuſes qui terminent le ſecond entre Roſine & ſa Camériſte ; je ne crois pas non plus devoir vous détailler toutes celles qui commencent le troiſième, dont la décoration eſt la ſalle du Trône, où l'on voit le Tribunal préparé ; il y a cependant un Dialogue entre Figaro & ſon Maître qui lui propoſe de l'emmener en Angleterre à la ſuite de ſon Ambaſſade, & lui demande s'il ſait l'Anglois, le Majordôme répond affirmativement : *avec Goddam, dit-il, on ſe procure tout ce qu'on veut à Londres; voulez-vous, par exemple, une bouteille de vin de Bordeaux, en diſant Goddam, on vous ſert une pinte de bierre. Avez-vous envie de manger un Chapon, vous n'avez qu'à dire Goddam, & l'on vous apporte un plat de Bœuf rôti.* Ces plaiſanteries ne m'ont point paru dignes de l'eſprit & de la gaieté qui devroient former le caractère de Figaro : je n'y

vois

vois que des phrafes dans le ftyle d'un Théâtre,
fort au-deffous de celui fur lequel paroît ce perfonnage, qui doit toujours fe fouvenir qu'il eft
Poëte, & que la cabale feule a fait tomber fes
Ouvrages ; auquel conféquemment on ne peut
fuppofer trop d'intelligence & de fineffe. A la
fuite de plufieurs petites fcènes fort courtes, &
dans l'une defquelles le Comte propofe des rendez-vous à Sufanne, on voit arriver Marcellin
& le Docteur fon Avocat, qui follicitent Dom
Gufman - Brid'Oifon, Lieutenant du Siège, de
prononcer contre Figaro : ce Juge bégue & prefque fourd, impatiente Marcelline, en lui répon-
dant à rebours, au point qu'elle lui dit : *Quoi!
Monfieur, c'eft vous qui nous jugerez? Eft-ce que
j'ai acheté ma charge pour autre chofe?.* réplique-
t-il. *On a grand tort de les vendre,* ajoute-t-elle,
avec un foupir. *Vous avez raifon,* reprend-il, *on
feroit mieux de nous les donner.* Figaro vient à fon
tour folliciter le Juge, & lui dit, qu'*il n'a pas
oublié de payer à Double main fon Secrétaire &
Greffier tout enfemble, l'extrait & le fupplément;*
il ajoute, que *c'eft un animal vorace, qui mange
à deux rateliers :* image que beaucoup de perfonnes ont trouvée d'autant moins convenables à la
chofe, que la chicane eft plutôt repréfentée fous
la forme d'un hydre infatiable que fous celle d'une

bête de fomme , & qui d'ailleurs n'eft qu'une injure , & n'a pas cette malignité qui devroit perpétuellement caractérifer les difcours de l'Auteur tombé. Le Comte entre & paroît étonné que le Juge foit en robe, fur quoi Dom Gufman lui répond : *la forme, Monfeigneur, la forme ; tel tremble à l'afpect d'un Procureur en robe, qui fe riroit d'un Juge en habit court.* On fait entrer l'Audience , Double-Main fe place à fa table de Greffier , le Comte s'affied dans le fauteuil fous le Dais, Dom Gufman fur une chaife à fa gauche, & les Confeillers fur les banquettes, qui font aux deux côtés ; le Greffier parlant du nez , fe met à dire, *filence* ; l'Huiffier répète en glapiffant , *filence* ; on appelle deux caufes pour la forme , & enfuite celle de Marcelline , comparante en perfonne, & ayant pour Avocat le Docteur Bartholo , & Figaro plaidant pour lui même , nonobftant l'ufage & la Jurifprudence du Siègè ; Figaro dit alors *qu'il eft impoffible à un Avocat de mieux défendre fa caufe que lui-même , qu'ainfi tout ufage & toute Jurifprudence contraires , font autant d'abfurdités , les Avocats fe permettant d'ailleurs beaucoup de difcours inutiles* ; il veut commencer à plaider ; le Greffier l'arrête , en lui difant *qu'il n'eft que Défendeur , & que c'eft à Bartholo de parler ;* auffitôt le Docteur fe met à pérorer ; mais le Comte, pour abréger

la procédure, demande fi l'on convient de la va-
lidité du titre, Figaro avoue l'avoir foufcrit, & ne
veut le qualifier que d'une reconnoiffance d'argent
prêté, tandis que Bartholo foutient que c'eft une
promeffe de mariage; on en fait ainfi la lecture:
*j'ai reçu de la Demoifelle Marcelline de Verte-Allure,
la fomme de deux mille piaftres fortes, que je pro-
mets lui rendre à fa première requifition, dans le
Château d'Aguas-Frejcas, ou je l'épouferai.* Le Docteur prétend qu'il y a, *& je l'épouferai;* Figaro
niant le fait, on donne l'acte à Double-Main, qui
dit, en le lifant, *& ou, il y a un pâté. Je fais ce
que c'eft,* dit Dom Gufman. Si j'avais l'honneur
d'être Membre de la Magiftrature, je crois qu'il me
feroit facile d'obliger l'Auteur à gratter ce pâté. On
fent, par la fuite de la Scène, qu'il n'a laiffé tomber exprès fur le mot effentiel de l'acte, que pour
faire fufpecter les Jurifconfultes de malverfations
& de connivences d'autant plus notoirement frau-
duleufes & fruftratoires, que, quand le Greffier
annonce qu'il y a un pâté, le Juge répond favoir
ce que c'eft; ce qui fuffit pour indiquer clairement
qu'ils ont concerté tous deux ce fubterfuge; duquel
il me femble que le tableau ne devoit nullement
paroître aux yeux du Public, non plus que les
fubtilités pointilleufes de Bartholo & de fon Ad-
verfaire, fur les diverfes manières d'interpréter le

mot *ou*. Leurs Plaidoyers n'ont paru fupportables que par l'adreffe fingulière avec laquelle ils font dictés ; auffi beaucoup de gens ont-ils trouvé que cet endroit étoit, quant au ftyle, le mieux fait de la Pièce. Cependant, gardez-vous, Monfieur, dans celles que vous ferez, d'ofer entreprendre une Scène fur le même plan : ce font de ces chofes où il eft rare de réuffir plus d'une fois, & puifqu'après le Plaidoyer de Racine, on eft parvenu, non fans peine, à trouver dans un genre différent, les moyens d'en faire un prefqu'auffi comique ; perdez tout efpoir, vous & vos Confrères, qu'on puiffe jamais en faire adopter un troifième aux Amateurs de Spectacles. L'événement de celui dont nous venons de parler, eft que le Comte, après avoir long-tems *balbucifié* avec les Juges, comme dit Antonio, déclare que l'acte n'eft qu'une reconnoiffance de prêt, & condamne fon Majordome au paiement, ou bien à époufer la Demandereffe. L'Audience fort en même tems que le Jardinier, qui court inftruire fa nièce Sufanne de cette décifion. Je ne vous obferverai point que le verbe *balbucifier* ne fe trouve dans aucun Dictionnaire, parce qu'il me paroît fans conféquence, étant dit par un Payfan ; Marcelline s'applaudit du gain de fon Procès, Bartholo l'en félicite, & Figaro fe défefpère. Quelques interrogations du

Comte à ce dernier, amènent affez brufquement une reconnoiffance tragi-comique, ou plutôt qui n'eft ni l'une ni l'autre, entre cet homme marqué d'une fpatule à fon bras & fa mère Marcelline, qui dit au Docteur que c'eft leur fils Emmanuel, enlevé & élevé par des Bohémiens, dont il paroît n'avoir pas tout-à-fait oublié ce qu'il avoit appris ; Sufanne accourt, tenant une bourfe que lui a donné la Comteffe, pour défintéreffer Marcelline ; mais voyant que fon Figaro l'embraffe, elle lui donne un foufflet, le croyant infidèle ; tout fe débrouille, & ils redeviennent amis, hors le Docteur, qui ne veut point reconnoître le Barbier pour fon Fils ; enfin il fe rend aux follicitations de Marcelline & de Sufanne ; elles l'embraffent, & tous fortent d'un air joyeux. On a trouvé des chofes trop pathétiques pour une Duègne, dans ce que dit Marcelline à fon fils, & ce dernier a paru ne pas y répondre d'une manière fufceptible d'en former le parallèle ; beaucoup de gens ont même prétendu que l'Auteur ne lui faifoit dire dans cette Scène que des longueurs & du rempliffage, d'autant plus déplacé là, que c'eft le feul endroit de la Pièce où l'on puiffe trouver de l'intérêt, s'il y en a.

Le quatrième acte fe paffe dans un fallon préparé pour le couronnement des Mariées, Sufanne & Marcelline, qui doivent enfin époufer le Majordome & le Docteur. Le Comte ouvre la Scène avec un de ses gens appellé Pedrille, qui est en Courier, & auquel il ordonne de se rendre en toute diligence à Séville, d'y descendre à l'hôtel, & d'y savoir depuis quand Chérubin y est arrivé; ils entendent venir quelqu'un, & sortent chacun de leur côté. La Comtesse entre, sa Camériste la suit, & cherche à la consoler de la tristesse qu'elle ne peut lui cacher; enfin elle lui fait part du rendez-vous que le Comte lui a proposé, la Comtesse est d'avis qu'elle l'accepte & lui dit d'écrire : *Chanson nouvelle, sur l'air* : qu'il fera beau ce soir sous les grands Maronniers ! *Mais avec quoi cacheter,* dit Susanne ? *avec une épingle,* dit la Comtesse en lui en donnant une : elle lui fait écrire au dos : *renvoyez-moi le cachet par Fanchette.* Ne vous étonnez pas, Monsieur, si je cherche a fixer votre attention sur cette epingle : de même que la Science des Mathématiques n'a pour base qu'un point imperceptible, cette Epingle se fait sentir, amène, prépare & cause tous les evénemens inouis, je dirois presque inconcevables, d'où naît le dénouement original de cette piece singuliere à tous égards : cependant n'allons point anticiper l'ordre des tems, & reprenons le fil chronologique qui nous devient aussi necessaire que l'étoit celui d'Ariane à Thesée, pour retrouver l'issue du Labirinthe. Susanne

& la Comtesse conviennent de charger l'innocente Fanchette cousine de la Camériste & fille du Jardinier, de leur faire sçavoir la réponse du Comte. Elle vient avec ses compagnes apporter des fleurs à Madame ; le petit Page, mêlé parmi ces jeunes filles, est pris par la Comtesse pour une étrangere ; & pour lui faire honneur, dit elle, elle accepte son Bouquet & le baise au front ; le petit fripon dit à part : *Ce baiser-la m'a été au cœur.* Des personnages graves se sont avisés de trouver à redire à ce baiser. La Comtesse, selon eux, ayant voulu déguiser le matin ce jeune homme en femme & le voyant au Château chaque jour, n'a fait semblant de le méconnoître qu'afin de lui accorder la primauté sur toutes ces belles, preférant, disent-ils, Adonis aux Grâces : mais j'aime mieux imaginer que Rosine en cela n'est qu'une étourdie & qu'une évaporée, capable d'embrasser quelqu'un avant même de l'envisager : une seule réfléxion paroît s'opposer à ce que je presume, c'est que dans tout le reste de la pièce elle n'agit qu'en connoissance de cause & que d'après des motifs discutés & médités. Ce n'est pas la seule invraisemblance qu'on trouve en cet ouvrage, car c'est sur-tout à la fin que vous allez en remarquer. L'hommage des jeunes Paysannes est interrompu par le Comte qu'amene Antonio, qui a trouvé chez sa fille Fanchette les habits & le chapeau du

Page qu'il reconnoît & auquel il le met fur la tête ;
le Comte s'emporte, la Comteffe intercede, Fanchette demande qu'on la marie avec Chérubin à
qui le Comte fait avouer qu'il a fauté par la fenêtre ;
Figaro qui furvient & à qui cela eft répeté, dit qu'il
n'en a pas moins fauté & que quand Monfeigneur,
eft en colere, on fauteroit une douzaine ; il lui cite
à ce propos l'hiftoire des Moutons de Dindenaut
que Panurge fit tous fauter avec lui dans la mer en
y en jettant feulement un. Figaro emmene tout le
monde, ne laiffant fur la Scène que la Comteffe &
fon époux, auquel elle demande en grace de pouvoir quitter la fête avec Sufanne quand elle vou-
dra, fe trouvant un peu incommodée : la Céré-
monie s'éxécute & pendant que l'on chante les vers
que Figaro a compofé à la louange du Comte, fur
l'Abolition du droit du Seigneur, il reçoit le Billet
de Sufanne, fe pique le doigt avec l'épingle qui le
ferme & la jette de colere : mais voyant l'invitation
de renvoyer le cachet, il cherche cette épingle, la
ramaffe & l'attache à fes Vêtemens, ce que Figaro
fait remarquer au Docteur & à fa mere en leur difant
de fon maître, *ah ! c'eft une drôle de tête !* A la fin du
divertiffement arrive Bafile, ramenant Grippe-foleil
& jouaut de la Guittarre; on ne fait pourquoi
les Gens du Siége qu'ils étoient allé chercher,
étoient arrivés un Acte entier avant eux, fi ce n'eft

que comme Bafile n’arrive jamais que pour nuire &
qu’il ne pouvoit s’y trouver plus à propos qu’en cet
inftant, il ne falloit pas le laiffer revenir plutôt : mais
ce retard n’étant nullement motivé , vous obfer-
verez en paffant que c’eft ce qu’on appelle une né-
gligence dans la conduite d’une Pièce , de même
que lorfqu’il y entre ou fort des Interlocuteurs fans
aucune raifon déterminante , ce que l’Auteur de
celle-ci ne s’eft pas moins permis dans prefque tous
les Actes. Figaro promet à fa mere de faire déchan-
ter Bafile & fe met à l’injurier ; au mot *Cuiftre d’O-
ratorio* , l’autre répond : *Joc-Hey diplomatique*: *Info-
lens tous les deux* , leur dit le Comte , & c’eft le
feul des trois qui ait raifon : car un bon Compofi-
teur de Mufique n’eft pas plus Cuiftre d’Orarorio
qu’un Courier d’Ambaffade n’eft Joc-Hey diplo-
matique:ces mots ne forment que des fons,& n’ayant
aucune fignification, raifonnable, devroient n’être
jamais employés : *Es-tu un Roi, pour qu’on te fla-
gorne?* dit enfuite le Barbier à l’Organifte. *Souffre la
Verité, Coquin, puifque tu n’as pas le moyen de payer
des Flatteurs.* Cette Apoftrophe n’auroit, je crois ,
que plus de fens & d’énergie, fi au mot flagorner,
qui n’eft pas d’ufage, on fubftituoit celui de cajoler
& fi l’on en fupprimoit celui de Coquin , injure à
laquelle on ne doit s’emporter qu’à la dernière ex-
trémité. Leur difpute fe termine par un raccommo-

dement ; la Comtesse obtient du Comte la liberté d'emmener Sufanne ; elles fortent pour aller changer d'habits enfemble ; cependant le Comte, qui entend Figaro dire à Grippe-Soleil d'arranger le feu d'artifice fous les grands Maronniers, revient fur fes pas & ordonne que ce foit fur la Terraffe , puifque la Comteffe eft incommodée. Figaro refté feul avec fa mère, s'émerveille de cet excès d'attention d'un pareil mari pour fa femme qu'il néglige depuis fi longtems. Ils font interrompus, après un Dialogue affez bienfait contre la Jaloufie, par Fanchette tenant une épingle & cherchant Sufanne pour la lui donner de la part du Comte. Figaro ne tarde guere à deviner le mot de l'Enigme & n'a pas de peine à le faire avouer à cette innocente, qui fort effrayée & furprife de la colere qu'il n'a pû lui diffimuler : alors il dit à Marcelline qu'il eft faifi de ce qu'il vient d'entendre ; ton cœur fi ferme, lui répond-elle, n'étoit *donc qu'un Ballon, dont une piquure d'Epingle a tout fait fortir* : mais elle l'exhorte envain, il s'en va, dans la réfolution de s'abandonner aux plus grandes extravagances que la paffion puiffe fuggérer ; Marcelline reftée feule, s'attendrit pour fa bru future, & fe promet de la préferver de ce qu'elle auroit à craindre de ce fier, ce terrible & pourtant un peu nigaud de fexe mafculin. Vous voyez par-là, Monfieur, combien une foible épin-

gle peut devenir une arme dangéreuse ; celle - ci
non-feulement a piqué le doigt du Comte outra-
geufement, & l'a fait s'impatienter de ce que les
femmes mettent des épingles par-tout ; elle a
porté de plus une vive & profonde atteinte au
cœur de Figaro, dont vous allez voir au cinquième
Acte les fuites inattendues, impoffibles à prévoir,
& qui par l'étonnante complication des incidens
qu'elles produifent, ne laiffent aucunement au
Spectateur le tems d'y pouvoir réfléchir.

Ce dernier Acte commence à l'entrée de la nuit,
au milieu d'un bois, en avant duquel font deux
pavillons, & vers l'enfoncement un bofquet, Fanchette vient fe cacher dans un des pavillons, où
Chérubin doit la venir joindre ; à peine y eft-elle,
que Figaro paroît, enveloppé d'un grand manteau, & fuivi de Bafile, du Docteur, de Grippe-
Soleil, & de plufieurs autres Domeftiques, aux-
quels il promet avant peu de faire voir de belles
chofes ; il défaifonne avec emphâfe, dit l'un deux,
& la voix fombre d'un Jaffier, dit un autre, fai-
fiffant auffi - tôt le bras de Grippe - Soleil, il le
menace de le lui caffer comme une pipe ; expreffion d'autant plus fingulière dans la bouche de
Figaro, qu'il ne s'en fert que cette feule fois &
qu'elle ne paroît pas faite pour un Auteur, encore
moins pour un homme qui vit avec un grand Sei-

gneur, dans une forte d'intimité. Les Conjurés s'étant retirés, Figaro fe rappelle toute fon hiftoire, depuis le premier noment, jufqu'à celui qui doit la terminer, il va même au-delà, difant de lui-même, corruption, fquelette, pouffière..... Heureufement l'idée de Sufanne le rappelle à la vie. Je n'ai pas le courage de critiquer ce monologue, quoique férieux & prefque monotone, l'Acteur qui le débite en tire un fi grand parti qu'on ne peut lui refufer l'attention la plus foutenue, & que fi le coftume comique ne rappelloit le genre de l'Ouvrage, on croiroit entendre un fecond Sidney fe préparer, de même que l'ancien, au terme inévitable ; mais comme il faut du bonheur & de l'Art pour captiver la patience des Spectateurs pendant un auffi long morceau, peu d'Écrivains peuvent fe flatter d'y réuffir, & c'eft, je crois, un hafard heureux entre mille chances oppofées. Après cette Scène, Marcelline entre avec Sufanne & la Comteffe, les deux premières fe coulent enfemble dans un des pavillons, pendant que la Comteffe avance; le Page qui traverfoit le jardin pour aller retrouver Fanchette, rencontre Rofine, & la prenant pour fa Camérifte, dont elle a les habits, il la courtife & va pour l'embraffer, le Comte qui s'étoit doucement approché, donne un foufflet à Figaro, croyant le donner au Page qui fe fauve en riant ; fon Ex-cellence propofe enfuite à la fauffe Camérifte de le fuivre dans un des pavillons ; *fans lumière,* lui dit-elle ? *nous n'y lirons pas,* répond-t-il ; il lui donne en même tems une bourfe & un diamant qu'elle accepte & l'entraîne avec lui ; mais Figaro leur barre le paffage, il va jetter fon manteau dans le bofquet ; tous deux lui ayant échappé pendant ce tems, il ne trouve, en revenant fur fes pas, que Sufanne qu'il prend pour fa Dame, aux chagrins de laquelle il paroît d'abord prendre part, & s'offre enfuite de fervir de tout fon cœur à fa confolation & à fa vengeance. Le peu de perfonnes fcrupuleufes qui vont aux Spectacles ont paru fcandalifées de voir la nuit une femme confentir à un tête-à-tête fans lumière, & ont prétendu que l'expreffion *nous n'y lirons pas,* pouvoit faire demander à des jeuneffes ingénues, qu'y feront-ils donc ? La féduction que le Barbier tente auprès de la fauffe Comteffe, leur a femblé plus contraire aux bonnes mœurs & d'un exemple fort dangereux malgré le correctif qui la fuit : car Sufanne bat fon infidèle & le force à s'humilier devant elle ; enfin elle lui pardonne, il eft à fes genoux & lui baife la main, quand le Comte, qui s'étoit égaré, les furprend, & croyant voir fa femme, fe met à jurer, *maffacre, enfer, mort & damnation;*

mots affez bien choifis pour un grand Seigneur,
par où l'on voit que dans la colère, un Charre-
tier & une Excellence fe fervent des mêmes jure-
mens; Sufanne s'exquive & Monfeigneur fe trouve
entre fon Majordôme & Pedrille arrivant de Séville
à *étripe cheval.* Je faurai l'un de ces jours, non
d'un Académicien, mais feulement d'un Acadé-
mifte, fi cette expreffion eft ufitée, l'Auteur a fans
doute craint qu'elle ne fût obfcure, puifqu'il a
fait dire au même Perfonnage : *bien la peine de
crever un cheval !* Pedrille crie de toute fa force
par ordre de fon maître, tous les gens qu'avoi
fait embufquer Figaro paroiffent. Monfeigneu
leur ordonne de l'arrêter, on l'entoure; il envoie
Antonio chercher dans un des pavillons la per
fonne qui s'y doit être réfugiée; il en ramène fa
fille Fanchette ; Bartholo y entrant à fon tour, et
revient avec Marcelline ; Bafile y va chercher Che-
rubin avec lequel il en fort ; à fon afpeét le
Comte dit : *& toujours le Page endiablé !* Enfin le
Comte en voit fortir Sufanne qui vient, en fe
cachant de fon éventail , fe jetter à fes genoux
tous les autres s'y mettent, excepté Dom Guf
man ; mais le Comte refufe toujours de pardon
ner, en difant : *non, y fuffiez-vous un cent ;* l
Comteffe fort de l'autre pavillon & vient auffi fe
mettre à fes genoux, *au moins je ferai nombre*

dit-elle. Anéanti de confufion, il la relève & lui demande pardon. *Monfeigneur, dit* en fe relevant fon Majordôme, *une petite journée comme celle-ci forme bien un Ambaffadeur.* Si vous m'en croyez, Monfieur, vous ne prendrez jamais une femblable licence dans vos Ouvrages, les hommes publics font toujours refpectables par leur rang, il en eft même dont les qualités perfonnelles méritent encore une plus haute confidération. Tout le monde étant d'accord, Bafile félicite Figaro de fon heureux mariage, & commence avec lui le Vaudeville, dont je ne vous dirai rien, ayant préféré, vû mon âge, la précaution de me mettre à couvert de la foule au plaifir que j'aurois eu, fans doute, de l'entendre & de voir le Ballet qui termine le Spectacle, quoiqu'on me l'eût dit fort agréable.

En attendant que nous puiffions nous revoir, ne vous laiffez point éblouir par l'étonnante réuffite de l'Ouvrage que je viens de vous analyfer, & qui, comme vous voyez, réunit à l'affemblage de beaucoup de genres oppofés, celui des combinaifons les moins ordinaires, qu'on peut appeller un chef-d'œuvre unique; & duquel il feroit fouverainement abfurde de vouloir faire le pendant de quelque génie qu'on fe fentit doué; d'autant plus qu'on feroit à coup fûr charmé de fe venger aux dépens de l'Imitateur des ſuffrages prodigués au premier Inventeur.

F I N.